Sortez les animaux!

Dorothée Roy

Illustrations : Marisol Sarrazin

Directrice de collection : Denise Gaouette

Rat de bibliothèque

Données de catalogage avant publication (Canada)

Roy, Dorothée

Sortez les armures!

(Rat de bibliothèque. Série jaune;10)
Pour enfants de 6-7 ans.

ISBN 978-2-7613-1875-4

I. Sarrazin, Marisol, 1965- . II. Titre. III. Collection: Rat de bibliothèque (Saint-Laurent, Québec). Série jaune; 10.

PS8585.O898S67 2006   jC843'.54   C2006-940405-4
PS9585.O898S67 2006

Dépôt légal – Bibliothèque et Archives nationales du Québec, 2006
Dépôt légal – Bibliothèque et Archives Canada, 2006

IMPRIMÉ AU CANADA   234567890   IML   0987
                          10728 ABCD   SC16

Le coq regarde le ciel.

Il s'inquiète :

— C'est comme l'année dernière.

Le ciel va nous tomber sur la tête.

Le coq alerte ses amis :
— Le ciel est en colère.
  Il va lancer des oeufs de glace.
  Vite ! À l'abri !
Le coq enfouit sa tête dans une casserole.

La poule montre les énormes bosses
sur sa tête :
— L'année dernière, les oeufs de glace
  m'ont rendue toc toc.
  Vite ! Sortez les armures !

Grand-mère poule est un peu sourde.
Elle tourne en rond. Elle caquette :
— Que se passe-t-il ? Que se passe-t-il ?
Le coq crie à tue-tête :
— C'est l'orage ! C'est l'orage !
Le coq met vite une boîte de conserve
sur la tête de grand-mère poule.

La vache continue calmement son repas.
— Meuh ! meuh ! Il ne faut pas s'affoler.
Le cochon ricane :
— Toi, tu n'as pas besoin de protection.
   Tu as la tête dure comme un melon.

Les animaux de la ferme sortent
leurs armures : des chaudières,
des chaudrons, des pots de verre,
des bouts de tôle, des boîtes de carton,
des écorces et des entonnoirs.

L'orage commence.

D'abord, c'est une musique de Mozart.

Puis, c'est la cacophonie :

bing ! bang ! bong !

broc ! broc ! broc !

fracafrac ! fracafrac ! fracafrac !

Les souris se cachent sous les feuilles
de rhubarbe.
Elles sont à l'abri.

 10

Les oies se cachent sous le grillage.
Elles ne sont pas à l'abri.
Elles ont oublié que le grillage
a des centaines de trous.

Les lapins se cachent sous une grande cuve.
Le bruit les fait sursauter.
La cuve se dandine.

La vache se cache sous un arbre.
Elle mâche l'herbe recouverte de glace :
— Crounch ! crounch ! crounch !

Un porc-épic passe par là :
— Que se passe-t-il ? Que se passe-t-il ?
Les animaux de la ferme ont vraiment
une drôle de tête.

Enfin, l'orage est terminé.
Les animaux ont l'air électrocuté.
Ils rangent leurs armures
jusqu'à l'année prochaine.
Mais où est donc grand-mère poule ?

Pauvre grand-mère poule !
Elle est encore cachée
sous sa boîte de conserve.
Grand-mère poule n'a pas encore compris
que l'orage est fini.

16